VICTOR FOROT

LA
FABRICATION DES ARMES

A TULLE
IL Y A UN SIÈCLE

TULLE
IMPRIMERIE CRAUFFON, ADMINISTRATIVE ET COMMERCIALE
Rue Général Delmas

1905

FABRICATION DES ARMES A TULLE

VICTOR FOROT

LA

FABRICATION DES ARMES

A TULLE

IL Y A UN SIÈCLE

TULLE
IMPRIMERIE CRAUFFON, ADMINISTRATIVE ET COMMERCIALE
Rue Général Delmas

1905

LA FABRICATION DES ARMES

A TULLE

IL Y A UN SIECLE

Les machines outils ont, de nos jours, remplacé la main de l'ouvrier; — les étaux-limeurs, les taraudeuses, perceuses et raboteuses se sont substituées au marteau et à la lime. L'ouvrier est devenu, dans beaucoup d'industries, un simple surveillant, un graisseur d'engrenages, un tourneur de manivelles. La fabrication des armes de guerre, plus que toute autre peut-être, s'est ressentie de ce progrès du XIXe siècle. N'est-elle pas dirigée par l'élite de nos polytechniciens, toujours à l'affut des inventions nouvelles. Si le capitaine François Clouet, qui dirigeait notre établissement national il y a un siècle, revenait à Tulle, il n'en croirait pas ses yeux (1) Il n'existe plus rien du passé. L'ancien soufflet de forge et sa branloire ont été remplacés par le ventilateur à force centrifuge; le forgeron et son frappeur ont cédé la place aux cylindres forgeurs et aux marteaux-pilon. Aussi, fabriquons-nous avec plus de rapidité qu'autrefois, et certes beaucoup de nos concitoyens, qui voient aujourd'hui notre établissement national peuplé de campagnards n'ayant jamais appris à manier un marteau ou une lime, ignorent qu'autrefois, pour fabriquer un fusil de guerre, il fallait des ouvriers spéciaux et capables. Nous croyons donc

(1) François Clouet, capitaine de la compagnie d'ouvriers d'artillerie à Toulon, fut nommé inspecteur de la Manufacture d'armes à feu de Tulle, le 1er vendémiaire an V. — Il est mort à Tulle, le 15 thermidor an XII (pièce de nos archives).

intéressant de faire connaître les détails de cette fabrication, telle qu'elle se pratiquait à Tulle il y a un siècle. Nous nous baserons pour cela sur les documents que nous possédons dans nos archives, collection de devis établis en mars 1801, alors que l'entreprise de la Manufacture d'armes était confiée à M. Freconet. Cette statistique, absolument inédite, pourra servir à l'historique seulement ébauché encore de l'atelier national établi dans notre cité tulloise.

Le fusil du modèle 1777 corrigé se composait de 11 pièces principales, soit : le canon, la baïonnette, la baguette, la platine, la sous-garde, la boucle et le battant ; l'embouchoir, la capucine, le porte-vis et la plaque. Il y avait en outre les pièces désignées sous le nom de petite garniture : la détente, les trois crochets, le ressort de baguette, le tire bourre, six vis et trois goupilles. Enfin, le bois et la pierre à feu. En tout 28 pièces, sans y comprendre le détail de la platine.

Prenant chacune de ces pièces séparément, nous allons savoir combien il fallait d'ouvriers pour les fabriquer, la quantité de matière qui était employée pour chacune d'elles et leur prix ; le nombre de pièces que pouvait faire un ouvrier dans une journée de travail, le prix payé pour la main d'œuvre d'une pièce, enfin le prix total de chaque pièce.

CANON. — Pour forger un canon, il fallait 4 kil. 7726 de fer et 24 kil. 2753 de houille ; on allouait de plus au forgeur un poids de 0 kil. 1223 de fer pour réparation. Le prix de la matière s'élevait au total à 5 fr. 7171, celui de la main d'œuvre à 2 fr. 40, soit 8 fr. 1171.

Un ouvrier pouvait forger trois canons par jour.

Du forgeur, le canon passait au foreur qui pouvait forer 12 canons dans sa journée, chacun lui était payé 0 fr. 0625. Il était en outre alloué, pour la fourniture des forets et pour le chef de l'usine, 0 kil. 0699 de fer, 0 kil. 0204 d'acier, plus 0 kil 7648 de houille, soit pour matières 0 fr. 1259 et pour main-d'œuvre 0 fr. 3675, au total le forage coûtait 0 fr. 5561.

Le polisseur pouvait polir 8 canons par jour, à 0 fr. 10 la pièce. Ce travail était fait généralement par des femmes.

Puis, l'emboitteur pouvant fournir 150 pièces dans sa journée, chacune lui était payée 0 fr. 0125.

Le dresseur et compasseur fournissait 24 pièces à 0 fr. 20 chaque pièce. L'émouleur 12 pièces à 0 fr. 2250 l'une.

On allouait au garnisseur 0 kil. 4890 de fer et 0 kil. 7648 de houille, qui valait 0 fr. 0832 et 0 fr. 3725 de main-d'œuvre, au total 0 fr. 4557. Cet ouvrier pouvait garnir 6 canons par jour.

Pour la forge d'une culasse, on employait 0 kil. 2447 de fer et 1 kil. 1028 de houille qui valaient 0 fr. 2803 et en ajoutant le prix de main-d'œuvre de 0 fr. 0575, on avait un total de 0 fr. 3378 Un ouvrier forgeait en moyenne 60 culasses de canon dans une journée.

Un même réviseur contrôlait ces divers travaux, il était alloué pour cela une somme totale de 0 fr. 0197 par pièce.

Pour limer la culasse et le pan, racler, polir et redresser, il était payé 0 fr. 5250.

Pour éprouver les canons (plomb et papier), 0 fr. 1500.

Usure de meules et des courroies, 0 fr. 5000.

Huile et graisse pour les usines, 0 fr. 1500.

Dépenses au séchoir, 0 fr. 0100.

Pour repassage, 0 fr. 0100.

Le perceur de culasse, qui produisait environ 80 pièces par jour, recevait 0 fr. 0250 par pièce.

Enfin, on allouait pour le transport des canons de l'usine de Souilhac à la Manufacture des Recollets à Tulle 0 fr. 0250 par pièce.

Voici donc un canon fini et rendu à l'atelier du montage de Tulle. Il a couté : 5 kil. 2886 de fer, 0 kil. 0204 d'acier, 27 kil. 1524 de houille, soit dépenses : pour matières, 7 fr. 0187 et pour la main-d'œuvre 4 fr. 40. Au total 11 francs 4187.

Ce canon, avant d'être ajusté sur le bois du fusil, avait passé par les mains de 13 ouvriers spéciaux.

Passons à la fabrication de la BAIONNETTE.

Le forgeur recevait 0 kil. 6118 de fer, 0 kil. 1988 d'acier et 6 kil. 1188 de houille pour forger une baïonnette ; ces matières valaient 1 fr. 2763 et la main-d'œuvre était de 0 fr. 70, ce qui portait la baïonnette de forge à 1 fr. 9763. Un forgeur pouvait faire 10 baïonnettes par jour.

Le limeur recevait 0 fr. 65; il pouvait limer 3 baïonnettes par jour.

Pour l'émouleur, le foreur et le tourneur, il était alloué 0 fr. 34 centimes par pièce. Un ouvrier produisait 9 pièces par jour. Il était compté 0 fr. 15 par pièce pour l'usure de meules et de courroies.

L'ajustage d'une baïonnette sur le canon était payé 0 fr. 03, un ouvrier pouvait en ajuster 130 dans une journée.

Le fourreau de la baïonnette était en cuir et on comptait 0 kil. 2158 de cuir par pièce, qui valait 0 fr. 30 centimes, plus 0 fr. 10 de main d'œuvre. Un ouvrier pouvait fabriquer 20 fourreaux par jour. Le bout du fourreau était en fer et on allouait 0 k. 0063 de fer et 0 k. 1070 de houille, soit 0 fr. 0111 plus 0 fr. 0450 de main d œuvre, au total pour un fourreau 0 fr. 4561. — Un ouvrier fabriquant les bouts en faisait environ 100 par jour.

Une baïonnette complète avec son fourreau coûtait donc 1 fr. 7024, après avoir passé par les mains de huit ouvriers.

LA BAGUETTE utilisait 0 k. 3365 d'acier et 1 k. 5297 de houille, soit 0 fr. 7663 plus 0 fr. 3550 de main d'œuvre de forge, 0 fr. 08 pour l'émouleur ou le polisseur, et 0 fr. 08 d'usure de meules ou courroies, au total 1 fr. 2813. Un ouvrier forgeait 8 baguettes par jour. Emouleur et polisseur pouvaient en faire 60 dans une journée. On avait utilisé trois ouvriers pour cette fabrication.

LA PLATINE qui était l'œuvre la plus délicate comme ajustage et qui nécessitait l'emploi de très bons ouvriers, était peu coûteuse bien que comprenant un nombre relativement grand de pièces. Il est vrai que ce mécanisme du fusil ne passait guère qu'entre trois ou quatre mains.

Pour la forge il était alloué 0 kil. 9790 de fer, 0 kil. 1641 d'acier, 6 kil. 1188 de houille valant ensemble 1 fr. 5432 plus 0 fr. 79 centimes de main d'œuvre, au total 2 fr. 3332. — Un forgeron pouvait faire 5 platines par jour. — On employait 0 k 0822 de cuivre pour le bassinet et 0 k. 3826 de houille, soit 0 fr. 3216 de mat ères et 0 fr. 08 de main d'œuvre, au total 0 fr. 4016. Un ouvr er en faisait 120 par jour. — Pour la forge et le rodage de la noix on employait 0 k. 0458 de fer et 0 k 3250 de houille, soit 0 fr. 0584 plus 0 fr. 15 de main-d'œuvre, au total 0 fr. 2084. Un ouvrier pouvait en livrer 25 par jour. Le limeur ne pouvait pas ajuster une platine par jour ; on évaluait à 3 platines tous les 4 jours le trava l d'un ouvrier moyen, soit environ 3/4 de platine par jour, et le prix d'une pièce lui était payée 2 fr. 50. A cette somme, il faut ajouter l'usinage des corps de platine qui se faisait à l'atelier de La Marque, moyennant 0 fr. 07 la pièce On payait en plus pour tremper, blanchir et recuire toutes les pièces 0 kil. 9790 de houille et 0 fr. 1010 de main-d'œuvre, au total 0 fr. 15. Le trempeur produisait environ 36 pièces complètes par jour. Le prix total d'une platine était donc de 5 fr. 6682.

LA SOUS-GARDE se composait du *Pontet* pour lequel on accordait 0 kil. 1682 de fer, 1 kil. 1472 de houille valant 0 fr. 2121 et 0 fr. 17 de main-d'œuvre de forge, soit 0 fr. 3821. — Pour limer ce pontet on payait 0 fr. 30. Un ouvrier pouvait forger 30 pontets et un autre en limer 9 dans un journée. — Il y avait aussi les *pièces de détente* pour lesquelles on employait 0 kil. 1992 de fer, 1 kil. 1472 de houille valant 0 fr. 2406 et 0 fr. 14 pour main-d'œuvre de forge, soit au total 0 fr. 3806. Plus 0 fr. 3 : de main-d'œuvre pour limer ces pièces. Un forgeur en produisait 36 par jour et un limeur 11. — Cette sous-garde se composait encore du *battant* pour lequel on employait 0 kil. 0687 de fer, 0 kil. 6283 de houille valant 0 fr. 0846 et 0 fr. 08 de main-d'œuvre de forge, ce qui faisait un total de 0 fr. 1646 plus 0 fr. 15 pour limer ce battant. Ensemble 0 fr. 3146. Un forgeur produisait 50 pièces par jour et un limeur 15. La sous-garde entière coûtait donc 1 fr. 6773 et était fabriquée par six ouvriers différents.

La BOUCLE et son BATTANT coûtaient 0 fr. 6139, soit fer 0 kil. 1376, houille 1 kil. 1472 valant 0 fr. 1839, plus 0 fr. 18 de main-d'œuvre de forge et 0 fr. 25 de main-d'œuvre de lime. Un forgeur livrait par jour 28 pièces, un limeur en produisait 8 environ. En ajoutant le perçage de ces trois boucles, soit 0 fr. 0150 les trois, un perceur en faisait 140 par jour, on arrive à un prix total de 0 fr. 6289.

EMBOUCHOIR. Le fer nécessaire pour la fabrication d'un embouchoir était évalué à 0 kil. 2447 et la houille à 1 kil. 6062, ce qui portait le prix des matières à 0 fr. 3054, la main-d'œuvre de forge était payée 0 fr. 2959 et celle de la lime à 0 fr. 30, ce qui portait le prix total d'un embouchoir à 0 fr. 9003. — Un forgeur produisait 16 pièces par jour et un limeur 7 seulement.

CAPUCINE. Le prix total d'une capucine était de 0 fr. 2326 se décomposant comme suit : fer 0 kil. 0611, houille 0 k. 6283 valant 0 fr. 0776, plus 0 fr. 0550 de main-d'œuvre de forge et 0 fr. 10 de main-d'œuvre de lime. — Un forgeur produisait 70 pièces par jour, un limeur 18.

Le PORTE-VIS coûtait 0 fr. 1313, soit : fer 0 k. 0458, houille 0 k. 2829 valant 0 fr. 0362, plus 0 fr. 0913 de main-d'œuvre de forge et 0 fr. 04 pour la lime. — Un forgeur produisait 140 pièces par jour, un limeur 33.

PLAQUE. Prix total 0 fr. 7370, soit : fer 0 kil. 3977, houille 1 kil 0220, montant 0 fr. 4170, plus 0 fr. 12 de main-d'œuvre de forge et 0 fr. 20 pour la main-d'œuvre de lime. Un ouvrier forgeait 24 plaques tandis qu'un limeur en produisait 12 seulement.

La sous-garde, la boucle, l'embouchoir, la capucine, le porte-vis et la plaque nécessitaient chacun deux ouvriers.

La PETITE GARNITURE entière passait entre les mains de douze ouvriers. La *détente*, forge et lime, coûtaient 0 fr 1456, soit : fer 0 kil. 0220, houille 0 kil. 1912, montant 0 fr. 0306, plus 0 fr. 1150 de main-d'œuvre. Les *trois crochets* valaient 0 fr. 2522, soit : acier 0 kil. 0344, houille 0 kil. 2829, ensemble 0 fr. 0847, plus 0 fr. 1675 de main-d'œuvre. — Le *ressort de baguette* coûtait 0 fr. 1186, soit : acier 0 kil. 0168, houille 0 kil. 2829, montant 0 fr. 0186 et 0 fr. 07 de main-d'œuvre de forge ou de lime. Pour le *tire-bourre* : acier 0 kil. 0406, houille 0 kil. 5124, soit 0 fr. 1088, plus main-d'œuvre de forge et de lime 0 fr. 17, au total 0 fr. 2788. Les *six vis* coûtaient 0 fr. 4892, soit fer 0 k. 1529, houille 0 k. 5698 et 0 fr. 32 de main-d'œuvre. Les *trois goupilles* coûtaient 0 fr. 09 ensemble, ce qui porte le montant total de cette petite garniture à 1 fr. 3744.

Voici ce qu'un ouvrier peut faire dans une journée : détentes 27, crochets 55, ressorts 45, tire-bourre 33, vis 10.

Un BOIS DE FUSIL en noyer coûtait 1 fr. 80, son ébauchage 0 fr. 1250 ; un ouvrier en ébauchait 20 par jour. Le montage des pièces du fusil sur le bois était payé 2 fr. 60 et on admettait qu'un ouvrier moyen faisait le 3/4 d'un montage par jour. La fourniture, la pose et la colle pour une cheville en buis dans la crosse du fusil coûtaient 0 fr. 06 — Cette cheville servait à incruster les poinçons de la Manufacture.

La pierre à feu était payée 0 fr. 04.

Enfin, les calibres, proportions, poinçons, etc., pour les contrôleurs des armes étaient évalués à 0 fr. 0150, — ce qui portait le prix d'un fusil complet à 32 fr 2924, mais on accordait en plus 20 pour cent à l'entrepreneur de la Manufacture ce qui élevait le prix t tal à 38 fr. 75.

La Manufacture d'armes de Saint-Etienne fabriquait la même arme, à la même époque, à un prix inférieur : 34 fr. 88, soit 3 fr. 87 meilleur marché qu'à Tulle. Nous ajouterons cependant que les rapports des officiers d'artillerie de l'époque constatent que le travail des ouvriers de Tulle est plus soigné, mieux fini que celui des ouvriers des autres manufactures.

Il est certain que la Manufacture de Saint-Etienne pouvait fabriquer à un prix inférieur à celle de Tulle, les matières premières, houille, fer, acier, etc., étant acquises à des prix plus bas qu'à Tulle Mais notre but n'est pas ici de faire ressortir le plus ou moins d'avantages de notre Manufacture, aussi reprenons-nous notre travail de statistique, en donnant une récapitulation des chiffres qui précèdent :

Un fusil complet coûtant 32 fr. 30 en chiffre rond procurait du travail à 67 ouvriers de diverses catégories. On employait 8 kil. 3801 de fer. 0 kil 8116 d'acier 0 kil. 0822 de cuivre (bronze), 0 kil. 2158 de cuir, 51 kil. 7615 de houille.

La valeur des matières employées s'élevait à 15 fr. 583 , celle de la main-d'œuvre à 16 fr. 7085.

Après ce résumé, voyons quel était le prix de la journée de chaque ouvrier, d'après les devis que nous venons de donner.

Au temps où nous étions attaché à l'entreprise de la Manufacture (il y a quarante années bientôt), nous avons souvent entendu les ouvriers se plaindre de la façon dont étaient faits les devis du travail dans l'établissement. Nous sommes certains que MM. les officiers d'artillerie y apportaient tous leurs soins, mais nous sommes pourtant obligé de reconnaître qu'il y a un siècle il existait dans les prix certaines anomalies que nous ne savons expl quer.

Les ouvriers de la forge semblent avoir des prix bien disproportionnés les uns des autres, mais cela tient surtout à ce que les devis ne mentionnent pas le travail des aides forgeurs qui sont compris dans la somme allouée au maître. Il faut savoir que tel forgeur avait deux aides, alors que tel autre n'en avait qu'un, cela en raison de la force musculaire néces aire pour exécuter le travail. D'autres n'avaient même qu'un enfant pour tirer la branloire du soufflet, ce qui explique les différences des prix de journées qui ressortent de ces devis.

C'est ainsi que nous voyons les forgeurs de canons payés 7 fr. 20 par jour, en y comprenant leurs frappeurs, les forgeurs de baïonnettes 7 fr., alors que les forgeurs de pontets sont portés à 5 fr. 10, ceux de détentes et de boucles à 5 fr. 04, ceux d'embouchoirs à 4 fr. 72, ceux de battants à 4 fr., ceux de capucines à 3 fr 75, enfin le prix le plus bas est celui du forgeur de baguettes qui est évalué à 2 fr. 85.

Mais voici les prix des journées des limeurs, ils sont aussi différents que ceux des forgeurs : la journée d'un limeur de détente est évaluée à raison de 3 fr. 30 par jour, alors que les limeurs de pontets ne paraissent plus qu'à 2 fr. 70, ceux qui limaient les plaques à 2 fr. 40, les limeurs d'embouchoirs à 2 fr. 1[illegible] ; pour limer des battants, on ne gagne plus que 2 fr. 25 par jour, pour les boucles 2 fr., et les limeurs de baïonnettes 1 fr. 95 ; enfin le limeur de capucines n'est plus évalué qu'à 1 fr. 80 par jour !

Le platineur, cet habile ouvrier ajusteur d'autrefois, comme on n'en trouverait que bien peu aujourd'hui dans notre établissement national, est coté à moins de deux francs par jour ;

exactement 1 fr. 98.— La journée du monteur n'est portée qu'à 1 fr. 95, celle d'un foreur de canon ressort à 0 fr. 75, d'un polisseur 0 fr. 80, alors que brusquement celle d'un emboîteur arrive à 1 fr. 87 et celle d'un dresseur et compasseur à 4 fr. 80 ! —L'Emouleur de canons gagnait 2 fr. 70, le garnisseur 2 fr. 74 et le perceur 2 fr. — L'émouleur de baïonnettes était coté 3 fr. 06 et celui des baguettes seulement 2 fr. 40. Enfin le faiseur de fourreaux en cuir reçoit 2 fr., alors que celui qui fabrique les bouts de ces fourreaux gagne 4 fr. 50 !

En raison de ces grandes différences, il ne nous semble pas possible de prendre pour base du prix de la journée des ouvriers de l'époque les quantités indiquées comme pouvant être fabriquées par ces ouvriers, dans l'espace d'une journée de travail. Ces indications données par les devis ne peuvent, à notre avis, qu'être approximatives ; c'est d'ailleurs les seuls chiffres douteux des devis, toutes les autres quantités ou prix sont mathématiquement exacts.

La Manufacture ne fabriquait pas seulement des fusils pour les fantassins, elle faisait encore des fusils de dragons du modèle de l'an IX, des mousquetons de cavalerie, aussi modèle de l'an IX, enfin des pistolets de cavalerie du modèle de la même époque.

Sans entrer dans les détails de la fabrication, comme nous l'avons fait pour le fusil de l'infanterie, nous donnerons le résumé des prix de revient de ces armes.

Le fusil de dragon employait : fer 7 k. 6823, acier 0 k. 7848, cuivre 0 kil. 4341, cuir 0 kil. 2158, houille 51 kil. 6548, soit 16 fr. 1768 de matières et 16 fr. 6235 de main-d'œuvre, au total 32 fr. 8003 auquel il faut ajouter le 20 pour cent pour l'entrepreneur, soit en tout 39 fr. 36, alors que la Manufacture de Saint-Etienne fabriquait la même arme au prix total de 37 fr. 05. Donc 2 fr. 31 en moins.

Le mousqueton de cavalerie employait : fer 5 kil. 5633 acier 0 k. 4727, cuivre 0 k. 7355, houille 36 k. 4147, soit 13 fr. 0695 de matières et 13 fr. 8002 de main-d'œuvre, au total 26 fr. 8697 plus 20 pour cent pour l'entreprise, soit 32 fr. 24. La même arme coûtait 30 fr. 42 à Saint-Etienne. — 1 fr. 82 en moins.

Le pistolet de cavalerie employait : fer 2 kil. 3905, acier 0 k. 2346, cuivre 0 k., 3909, houille 21 k. 7207, soit 6 fr. 1576 de matières et 9 fr. 8975 de main d'œuvre, ensemble 16 fr. 0551 plus 20 pour cent à l'entreprise : 19 fr. 26, la même arme coûtait 1 fr. 91 de moins à Saint-Etienne, soit 17 fr. 35.

Afin de compléter notre étude, nous donnerons les prix des matières de l'époque : fer 0 fr. 92 le kil., cuivre 3 fr. 68 le kil., acier 2 fr. 05 le kil., Charbon de terre (gros et menu pour la forge) 0 fr. 05 le kil. Un bois de fusil en noyer était payé 1 fr. 80. Un cent de pierres à feu 1 fr. 33. Une meule à canons 120 fr., une meule à baïonnettes 16 fr. et un meule à baguettes 30 francs.

DU MEME AUTEUR

Victor Forot, à Bourrelou, Tulle

Un Chemin de Fer en Tyrol méridional, in-4° de 16 pages avec 34 plans ou dessins des travaux exécutés, 1re édition. Imp. Scotoni et Vitti, à Trente (Tyrol autrichien), 1895.

2e Edition, imp. Mazeyrie, à Tulle 1899 (ce travail a obtenu une médaille d'argent à l'Exposition universelle de Paris en 1900).

Album des Plans et Dessins de Détails des Travaux exécutés pour un Chemin de Fer a la voie de 1 m 50. Deux vol. in-4° contenant environ 400 planches. Imp. de l'Institut géographique militaire d'Autriche à Vienne 1895. Exposition d'Amsterdam, médaille d'argent, 1re classe.

Étude sur les Monnaies et Médailles antiques et modernes, grand in-8°. Imp. Scotoni et Vitti, à Trente, 1897.

Le Maitre-Autel de Naves et son Rétable, ouvrage orné d'une carte de la Commune et de 21 simili-gravures hors texte. Tulle, Imp. Mazeyrie, 1902.

La Guerre des Bonnets a Tulle, *Episode révolutionnaire en 1792*. Tulle, Imp. de la Gutenberg, 1903.

Une Vicairie civile en Bas-Limousin, *anciennes divisions territoriales et administratives du IXe au XIIe siècle*, avec 2 cartes et 13 gravures. Tulle, Impr. Mazeyrie, 1903.

Arrestations a Tulle sous la terreur, *Episodes révolutionnaires* en 1793-1794. Tulle, Imp. Crauffon, 1904.

Les Sculptures de l'Eglise de Naves, album de 21 phototypies d'un chef-d'œuvre du xviie siècle, in-8°. Tulle Imp. Crauffon, 1904.

Les Fêtes nationales et Cérémonies publiques a Tulle sous la Révolution et la première République, avec une gravure hors texte. Brive, Imp. Roche, 1904.

Monographie de la Commune de Naves (Corrèze), avec cartes et nombreuses gravures dans le texte et hors texte. Tulle, Imp. Crauffon 1905.

Le Royal-Navarre-Cavalerie et ses Chefs en Corrèze, *Episodes révolutionnaires en 1791*, en cours de publication dans le *Bulletin de la Société scientifique, historique et archéologique de la Corrèze*. Brive, Imp. Roche, 1905.

UNE SEIGNEURIE DU BAS-LIMOUSIN, en cours de publication dans le *Bulletin de la Société des Lettres, Sciences et Arts de la Corrèze*, avec nombreuses gravures. Tulle, Imp. Crauffon, 1905.

ESSAIS HISTORIQUES SUR LES ENVIRONS DE TULLE : *Laguenne, Sainte-Fortunade Chanac, les Angles et Naves*, en cours de publication dans *Lemouzi*, organe de la fédération provinciale du Limousin et de la Ruche corrézienne de Paris. Brive, Imp. Roche, 1905.

L'ANNÉE DE LA PEUR A TULLE, *Episodes révolutionnaires* en 1789-1790 Tulle, Imp. de la Gutenberg, 1905.

ETUDE SUR LES RUINES GALLO-ROMAINES DE TINTIGNAC, commune de Naves (Corrèze), avec une carte, sept plans, trente-trois gravures dans le texte, phototypie hors page. Tulle, Imp. Crauffon, 1905.

L'ALIÉNATION DES BIENS DU CLERGÉ A LA RÉVOLUTION, étude initiale sur des documents inédits. 1re partie : Diocèse de Tulle. Paris, librairie Vic et Amat, 14, rue Cassette.

LA PRISE DE POSSESSION D'UNE CURE EN BAS-LIMOUSIN, in-8°. Ducourtieux, Limoges, 1906.

POUR PARAITRE PROCHAINEMENT

Sainte-Fortunade, canton de la Corrèze pendant la Révolution et la première République.

Les *Sculpteurs du Bas-Limousin et leurs Œuvres au XVIIe siècle.*

Les *Amis de la Constitution à Tulle.* Délibérations de cette société, de 1790 à 1794.

Le *Papier marqué limousin depuis son Origine.*

Les *Métiers d'autrefois et plus particulièrement ceux du Bas-Limousin.*

Les *Papetiers tullois et les Moulins.*

Les *Thermidoriens tullois 1794-1799.*

Un *Domaine royal en Bas-Limousin.*

L'*An 1789 à Tulle.*

La *Corrèze pittoresque, monumentale et artistique.*

Un *Duel mortel à Tulle au XVIIIe siècle.*

Le *Trousseau d'un Bourgeois de Tulle au XVIIIe siècle.*

Tulle, imp. CRAUFFON, 12 06.

www.ingramcontent.com/pod-product-compliance
Lightning Source LLC
LaVergne TN
LVHW050515160826
845677LV00003B/1149

* 9 7 8 2 3 2 9 6 3 8 9 5 9 *